고지가 바로 저긴데

국립중앙도서관 출판시도서목록(CIP)

고지가 바로 저긴데 / 지은이: 이은상. -- 양평군 : 시인생각, 2013
  p. ;   cm. -- (한국대표명시선100)

ISBN 978-89-98047-53-5 03810 : ₩6000

한국 현대시[韓國 現代詩]

811.7-KDC5
895.715-DDC21   CIP2013010620

한 국 대 표
명 시 선
1 0 0

이 은 상

고지가 바로 저긴데

시인생각

■ 서序

내가 소학교를 마칠 때까지도 아버지께서는 흔히 나를 업으시고 황혼이면 뜰앞 나무 밑을 거니시었습니다. 그리고는 늘 고인古人의 시조를 읊으시었습니다.

그것이 무슨 시조든지는 알길 없으나 그중에서 귀에 아직 들리는 것이 일곡一曲 이곡二曲 하시든 것이라 율곡의 석담구곡가石潭九曲歌나 아니었든지. 내가 고조古調중에 이를 가장 애송함도 그 까닭입니다.

뒤에 듣자오매 자작自作도 하셨다건만 불초자不肖子—뫼셔 둔 것이 없음은 일생에 잊지 못할 한사恨事어니와, 그 님이 가오신지 어느덧 십 년. 그로 말미암아 내가 시조의 길로 들어선 것이 또한 십 년. 이제 한 적은 책자를 만들어 세상에 보내매 당신 생각이 다시금 간절합니다.

지나간 십 년 동안 내 떨어진 광주리에 모인 시조가 모두 740여 수首. 어느 것인들 소기燒棄를 면할 자 되리오 마는 부끄러운 그대로 500쯤은 모아보고도 싶은데 그나마 1권에 다 싣기 어려운 사정으로 이제 300수쯤만 추렸거니와 요거로도 나딴은 여러 색취色趣의 것을 골고루 편차編次하노라 하였습니다.

그러나 생각하면 서러운 노력. 어느 노래가 내 마음을 따랐으리까. 너무나 큰 것은 마음이오. 너무나 작은 것은 노래입니다.

소리는 귀에 들려 그만으로 사라지고 글자로 남긴대도 눈에 보여 그치나니 이런 노래로 어이 그 마음 표하리이까. 다만 마음의 한쪽 자취를 그리는 체 하였을 뿐입니다.

나는 이제 생각하노니 우리 중에 정情을 같이 하신이 이 노래로 지팡이 삼아 그 마음의 세계를 밟으신다면 노래의 신의 —진실로 거기에 있고 또한 내게는 더 큰 영광이 없겠습니다.

끝으로 여기 모은 시조 중에 전에 발표한 것과는 토吐와 문구가 달라진 것이 몇 수 있음을 양촉諒燭해주시기 바라옵고 또한 이 책 상재上梓에 있어 장정裝幀 도화圖畵를 맡아주신 청전靑田 이상범李象範 군, 제자題字를 써주신 경안耿岸 서항석徐恒錫 군, 이 두 분 외우畏友에게 특히 사의를 표하오며 말로 글월로 시조집 간행을 재촉해 주신 강호의 여러 벗들에게 감사를 드립니다.

해는 오늘도 제 갈 길을 다 가고 봄을 재촉하는 낙수소리와 함께, 내 시조도時調道 발심의 샘이시든 그님께서 가신지 십 주 기일되는 날을 쓸쓸과 그리움으로 넘기며 영전에 이 책을 바쳐 제물을 삼는 1932년 3월 29일.

서강정사西岡情舍에서 저자著者 근 지 謹識

■ 차 례 ──────── 고지가 바로 저긴데

서序

1

가고파　13

고향 생각　17

붓명銘　18

사랑　19

자화상　20

나도 같이 시를 쓴다　22

마니산摩尼山　23

달　24

어느 것을　25

옛 동산에 올라　26

봄처녀　27

———————— 한국대표명시선100 이 은 상

2

그리움   31

매화사梅花詞   32

개나리   34

난초   35

국화   36

대   37

금강金剛이 무엇이뇨   38

성불사成佛寺의 밤   39

낙화암落花岩 1   40

만월대萬月臺   41

오륙도五六島   42

3

북한산 비봉碑峰　45

명량鳴梁 1　46

백비白碑　47

고지가 바로 저긴데　48

나의 조국 나의 시　49

가서 내 살고 싶은 곳　50

너러고 불러보는 조국아　52

조국아　54

한라산 기도　58

천왕봉天王峰 찬가　62

4

목이 그만 멘다 —백범白凡 선생 그리워　67

옛 벗은 반가운데　68

못 건너는 강　69

슬픈 역사　70

남산엔 오르지 마오　72

어머님께 드리는 편지　74

숭례문崇禮門　76

ㄹ 자　77

예루살렘아　78

해바라기　80

5
　푸른 하늘의 뜻은　83
　새 지도를 그려 본다　86
　탄금대彈琴臺　87
　가람의 무덤을 찾아　88
　서시序詩　89
　소경되어지이다　94
　입 다문 꽃봉오리　95
　독백獨白　96
　달　97

이은상 연보　98

1

가고파

내 고향 남쪽 바다
그 파란 물 눈에 보이네
꿈엔들 잊으리오
그 잔잔한 고향 바다
지금도
그 물새들 날으리
가고파라 가고파

어린 제 같이 놀든
그 동무들 그리워라
어데 간들 잊으리오
그 뛰놀던 고향 동무
오늘은
다 무얼 하는고
보고파라 보고파

그 물새 그 동무들
고향에 다 있는데
나는 왜 어이다가
떠나 살게 되었는고

온갖 것
다 뿌리치고
돌아갈까 돌아가

가서 한데 얼려
옛날같이 살고지라
내 마음 색동옷 입혀
웃고 웃고 지나고자
그날 그
눈물 없던 때를
찾아가자 찾아가

물 나면 모래판에서
가재 거이랑 달음질하고
물 들면 뱃장에 누워
별 헤다 잠들었지
세상 일
모르던 날이
그리워라 그리워

여기 물어보고
저기 가 알아보나
내 몫의 즐거움은
아무 데도 없는 것을
두고 온
내 보금자리에
가 안기자 가 안겨

처녀들 어미 되고
동자들 아비 된 사이
인생의 가는 길이
나뉘어 이렇구나
잃어진
내 기쁨의 길이
아까와라 아까와

일하여 시름없고
단잠 들어 죄 없는 몸이
그 바다 물소리를
밤낮에 듣는구나

벗들아
너희는 복된 자다
부러워라 부러워

옛 동무 노 젓는 배에
얻어 올라 치를 잡고
한 바다 물을 따라
나명들명 살까이나
맞잡고
그물 던지며
노래하자 노래해

거기 아침은 오고
거기 석양은 져도
찬 얼음 센 바람은
들지 못하는 그 나라로
돌아가
알몸으로 살까나
깨끗이도 깨끗이

고향 생각

어제 온 고깃배가
고향으로 간다 하기
소식을 전차하고
갯가으로 나갔더니
그 배는
멀리 떠가고
물만 출렁거리오

고개를 숙으리니
모래 씻는 물결이요
배 뜬 곳 바라보니
구름만 뭉기뭉기
때 묻은
소매를 보니
고향 더욱 그립소

붓명銘

샘이냐 활화산活火山이냐
물속에 불을 뿜고
서나 누우나
허리를 굽힌 적 없다
천지에
가장 우뚝한 자여
네 이름이 붓이니라

사랑

탈 대로 다 타시오
타다 말진 부디 마오
타고 다시 타서
재 될 법은 하거니와
타다가
남은 동강은
쓸 곳이 없소이다

반 타고 꺼질진대
아예 타지 말으시오
차라리 아니 타고
생나무로 있으시오
탈진대
재 그것조차
마저 탐이 옳소이다

자화상

너를 나라 하니
내가 그래 너란 말가
네가 나라면
나는 그럼 어디 있나
나 아닌
너를 데리고
나인 줄만 여겼다

내가 참이라면
너는 분명 거짓 것이
네가 참이라면
내가 도로 거짓 것이
어느 게
참이요 거짓인지
분간하지 못할네

내가 없었더면
너는 본시 없으련만
나는 없어져도
너는 혹시 남을런가

저 뒷날
너를 나로만
속아볼 게 우습다

나도 같이 시를 쓴다

아득한 바다 위에
갈매기 두엇 날아돈다
너훌너훌 시를 쓴다
모르는 나라 글자다
널따란
하늘 복판에
나도 같이 시를 쓴다

마니산摩尼山

― 산하험여차山河險如此 장재오유국壯哉吾有國(목은牧隱)

산山 첩첩
물 겹겹
아름답다 내 강토여
보느냐
듣느냐
어여쁘다 내 님이여

목청껏 소리를 뽑아
시조 한 장 부른다

길거라
오래거라
이 나라 역사歷史여
들러리
울려라
슬픈 자者의 기도祈禱여

정성껏 제천단祭天壇* 위에
돌 한 덩이 올린다

*) 마니산摩尼山 꼭대기에 언제부터인지 오는 이마다 치성의 돌 한 덩이씩을 올려 쌓아 이루어진 제천단祭天壇이 있다.

달

혼란한 불빛이
시민의 눈을 어지럽혔다
달은 무참히도
성 밖으로 쫓겨났다
달 찾아
지금 이 밤에
나도 거리를 벗어났다

진실이란 언제나
이같이도 외로운 건가
그러나 흐렸던 혼이
달빛마냥 환하잖으냐
말없이
밤이 이슥토록
달만 바라고 섰었다

어느 것을

여기 두 가지가 놓였습니다
어느 것을 취하렵니까
눈부신 구슬과
기왓장이 있습니다
구슬은
깨어진 조각
기왓장은 완전합니다.

여기 두 가지가 놓였습니다
어느 쪽을 가지렵니까
찬란한 비단과
무명베가 있습니다.
비단은 짜다 말았고
무명베는 한 필입니다.

모두들 깨어졌어도
구슬을 취한다 하고
짜다가 만 것일망정
비단을 가지겠다네
완전한
기왓장 무명베를
택한다 하면 못난일까요?

옛 동산에 올라

내 놀던 옛 동산에
오늘 와 다시 서니
산천 의구山川依舊란 말
옛 시인의 허사虛辭로고
예 섰던
그 큰 소나무
베어지고 없구려

지팡이 던져 짚고
산기슭 돌아나니
어느 해 풍우엔지
사태져 무너지고
그 흙에
새 솔이 나서
키를 재려 하는구려

봄처녀

봄처녀 제 오시네
새 풀옷을 입으셨네
하얀 구름 너울 쓰고
진주이슬 신으셨네
꽃다발
가슴에 안고
뉘를 찾아오시는고

임 찾아가는 길에
내 집 앞을 지나시나
이상도 하오시다
행여 내게 오심인가
미안코
어리석은 양
나가 물어볼 꺼나

2

그리움

누라서 저 바다를 밑이 없다 하시는고
백천百千 길 바다라도 닿이는 곳 있으리만
님 그린 이 마음이야 그릴수록 깊으이다

하늘이 땅에 이었다 끝 있는 양 알지 마오
가 보면 멀고 멀고 어느 끝이 있으리요
님 그림 저 하늘 같아 그릴수록 머오이다

깊고 먼 그리움을 노래 우에 얹노라니
정회情懷는 끝이 없고 곡조曲調는 짜르이다
곡조는 짜를지라도 남아 울림 들으소서

매화사梅花詞

바람이 상기 싸늘해
다정한 햇살이 그립다
차라리 애처로와
가지를 꼬옥 잡아보면
어느새
혈관 속으로
배어드는 백매향白梅香

보면 차가와도
심장이 더운 꽃이다
전생의 기억 몽롱해도
예서 만날 걸 기약했던가
귀 대고
긴긴 이야길
들어 보는 홍매화紅梅花

내 가슴 슬픈 이랑에
한 그루 심어 놓고
달빛 흐르는 밤이면
조용히 서 보는 마음

청매자青梅子
한 알을 따서
입에 물고 거닌다

개나리

매화꽃 졌다 하신
편지를 받자옵고
개나리 한창이란
대답을 써보냈소
둘이 다
'봄'이란 말은
차마 쓰기 어려워서

난초

고요한 오월 창머리
실바람 불어 들고
방 안엔 난초 한 분
처마 끝엔 제비 한 쌍
향내에
눈을 돌리면
생각나는 이 있다

국화

서리에 피는 국화
선생이라 불렀더니
뜻을 알아주기
동지라 여겼더니
오늘은
아내 사랑을
네게 온통 바친다

대

대숲에 바람 부는 소리
한밤에 눈 지는 소리
백운산 찬 달 아래
거닐다 문득 서서
대처럼
굽히지 말자
다짐하던 옛 기억

금강金剛이 무엇이뇨

금강이 무엇이뇨
돌이요 물이로다
돌이요 물일러니
안개요 구름일러라
안개요
구름이어니
있고 없고 하더라

금강이 어드메뇨
동해의 가이로다
갈 제는 거길러니
올 제는 가슴에 있네
라라라
이대로 지켜
함께 늙자 하노라

성불사成佛寺의 밤

성불사 깊은 밤에
그윽한 풍경 소리
주승主僧은 잠이 들고
객이 홀로 듣는구나
저 손아
마저 잠들어
혼자 울게 하여라

뎅그렁 울릴 제면
더 울릴까 맘 졸이고
끊인 젠 또 들리라
소리 나기 기다려져
새도록
풍경소리 데리고
잠 못들어 하노라

낙화암落花岩 1

사비수泗沘水 낙화 삼천
울며 펄펄 떨어질 제
한 분은 날아올라
새벽달이 되옵더니
고란사皐蘭寺
쇠북 소리에
마저 떨어져 잠긴다

만월대萬月臺

만월대 여기더냐
풀 우거진 여기더냐
주춧돌 위에 구르는 낙엽
남은 거라곤 겨우 이건데
저 사람
수고로이 왔네
이것 보자고 왔나

오백 년 온갖 이야기
물소리에 섞어 띄워
바다로 보낸 지가
그게 벌써 언젠데
저 사람
인제야 오다니
무엇 듣자고 왔나

마을로 들어가
술이나 한 잔 들고 가게
낙엽이야 어디
만월대라고 별다르리
자네 집 뒷동산에도
이 가을 낙엽이 날릴걸세

오륙도五六島

오륙도 다섯 섬이
다시 보면 여섯 섬이
흐리면 한두 섬이
맑으신 날 오륙도라
흐리락
맑으락 하니
몇 섬인 줄 몰라라

취하여 바라보면
열 섬이, 스무 섬이
안개나 자욱하면
아득한 빈 바다라
오늘은
빗속에 보니
더더구나 몰라라

3

북한산 비봉碑峰*

그 누구 부질없이
무슨 글을 새겼던고
비 뿌려 핥아 먹고
바람 불어 쪼아 먹고
남은 건
눈 뜬 소경의
점자판點字板이 되었구나

늙은이 손가락 끝에
그래 뭣이 집히나요
자기라사 알듯이
줄줄이 짚어가다
멈추고
주름 잡힌 손등을
들여다만 본다

---

*) 북한산 비봉 위에 신라 진흥왕眞興王의 순수비巡狩碑가 서 있다. 글자는 마멸되어 전연 알아볼 길이 없다. 지금은 그 비가 서울 박물관 안에 옮겨졌다.

명량鳴梁* 1

달 밝은 깊은 밤에
울돌목 지나간다
물결아 너 왜 우느냐
뉘 들으라 아우성이냐
이 한밤
말 못하는 가슴을
찢어야만 하느냐

달 밝은 깊은 밤에
울돌목 지나간다
큰 잔으로 주오
날 큰 잔으로 주오
취하여
잠 들거들랑
부디 날 깨우지 마오

*) 명량(울돌)은 충무공의 승전지다.

백비白碑*

보련산 깊은 산골에
벙어리 성자聖子가 있다
흔들며 물어보아도
아무런 대답이 없다
영원한
침묵의 설법을
가슴으로 듣고 간다

*) 진천鎭川 보련산寶連山 아래 백비白碑란 것이 있다. 아무 글도 새기지 않은 비이므로 백비라 부른다.

고지가 바로 저긴데

고난의 운명을 지고
역사의 능선을 타고
이 밤도 허위적거리며
가야만 하는 겨레가 있다
고지가
바로 저긴데
예서 말 수는 없다

넘어지고 깨어지고라도
한 조각 심장만 남거들랑
부둥켜안고
가야만 하는 겨레가 있다
새는 날
피 속에 웃는 모습
다시 한 번 보고 싶다

나의 조국 나의 시

나는 가난한 사람
그러나 나는 가멸한 사람
누가 날 가난하다는고
내 가슴 속은 보지 못하고
내게는
보배가 있다
나의 조국 나의 시

가서 내 살고 싶은 곳

산은 근심으로 쌓여
울멍줄멍 솟아 둘리고
물은 여흘여흘
눈물 띄워 흐르는 나라
가서 내
살고 싶은 곳
거기는 또 내 묻힐 곳

그 땅엔 씨 뿌려도
거두어 티끌만 남고
방울방울 땀 흘려도
원망이 될 뿐인 나라
그래도
그 나라만이
내게 허락된 나라다

봄이 와 꽃은 피어도
꽃 아래 즐길 이 없고
아름다운 새소리에도
역증이 나건마는

가려네
울면서라도
그 나라로만 가야겠네

나는 울면서 가도
내가 가야만 웃음 필 나라
내 발로 내 손으로
가꾸어 기름질 나라
가서 내
살고 싶은 곳
거기는 또 내 묻힐 곳

너라고 불러보는 조국아

너라고 불러보는 조국아
너는 지금 어드메 있나
누더기 한 폭 걸치고
토막土幕 속에 누워 있나
네 소원
이룰 길 없어
네거리를 헤매나

오늘 아침도 수없이
떠나가는 봇짐들
어디론지 살길을 찾아
헤매는 무리들이랑
그 속에
너도 섞여서
앞산 마루를 넘어갔나

너라고 불러 보는 조국아
낙조보다도 더 쓸쓸한 조국아
긴긴 밤 가야고 소리마냥
가슴을 파고드는 네 이름아

새 봄날
도리화같이
활짝 한 번 피어 주렴

조국아

바라보라 저 산과 바다
저 하늘과 들판
내 역사와 전설이 괴었고
대대로 누려 온 곳
조국아
내 불타는 사랑
오직 너밖에 또 뉘게 주랴

네게서 내 뼈와 살 받고
그리고 내 생명 길러
내 누구 위해
이 살과 뼈 던져 바치리
조국아
내 불타는 사랑
오직 너밖에 또 뉘게 주랴

운명의 발아래
너는 지금 짓밟히는데
버리고 어이 가랴
같이 안고 싸우리라

조국아
내 불타는 사랑
오직 너밖에 또 뉘게 주랴

너 괴로울 때
내 영광 내 행복 어디 있나
네가 없다면
구구한 내 일생 무엇하리
조국아
내 불타는 사랑
오직 너밖에 또 뉘게 주랴

남들이야 모두 차버리고
돌아보지 않을지라도
나는 너와 함께
네 품속에 묻히련다
조국아
내 불타는 사랑
오직 너밖에 또 뉘게 주랴

슬프다 너같이
기구한 운명 둘이 있으랴
그래도 너는 피로써
물려받은 내 하나의 보배
조국아
내 불타는 사랑
오직 너밖에 또 뉘게 주랴

끓는 피 한 가슴 안고
분한 생각 두 주먹에 쥐고
하늘과 땅에 외치며
맹세하는 한마디 말
조국아
내 불타는 사랑
오직 너밖에 또 뉘게 주랴

오늘도 비바람
끊임없이 불어치는 속
애타는 생각에
머리 위엔 흰 가락 늘어도

조국아
내 불타는 사랑
오직 너밖에 또 뉘게 주랴

지금 이 깊은 밤
두 손 모으고 꿇어앉아
무릎 위에 눈물 지우며
빌고 다시 비노니
조국아
내 불타는 사랑
오직 너밖에 또 뉘게 주랴

쓸개보다 더 쓴 잔 물고
참으라 거듭 참으라
새날이 찾아올 때
너랑 같이 맞아야 한다
조국아
내 불타는 사랑
오직 너밖에 또 뉘게 주랴

한라산 기도

천지의 대주재大主宰시여
나는 지금 두 팔을 들고
당신의 내리시는 뜻을
받들려 하나이다
아끼지
마시옵소서
자비하신 말씀을

평화와 즐거움으로 찼던
당신의 나라를
피와 눈물과
아우성 속에 쓸어 넣은
창생의
가증한 죄를 들어
여기 엎디어 사하나이다

지금 내 몸을
싸고 두른 구름과 안개
이것은 당신의 옷자락
옷자락 끝을 붙들고서

정성껏
이마 조아려
당신 앞에 아뢰나이다

천지의 대주재시여
당신은 아시리이다
흥망의 긴 세월도
번개 같은 한순간이라
진실로
인류의 역사란
웃음거리밖에 안 되리이다

그러나 거룩하신
당신의 사랑이야
지극히 작은 자 하나도
버리시지 못하옵거늘
어찌해
괴로운 내 백성들을
눈물 속에 두시나이까

당신이 하시는 일은
위대한 경륜과 법칙
그럴수록 이 마음은
안타까와지나이다
구원의
손을 기다린 지도
이미 오래되었나이다

때를 만드심도
당신의 뜻이오니
저기 저 아래
내 백성과 인류를 위해
평화와
즐거움의 '에덴'을
지금 곧 만들어 주옵소서

천지의 대주재시여
당신의 품속에 안겨
지금 모든 근심을랑
씻어버린 이 행복을

저 아래
저 아래까지
고루 널리 베푸옵소서

고난과 불행의 넝쿨
당신 손으로 걷어 주시고
춤과 노래 속에서
슬픔을 모르게 하옵소서
천지의
대주재시여
이 기도를 들으소서

천왕봉 天王峰 찬가

보라! 나는 지금
천왕봉 머리에 올랐노라
구름 안개를
모조리 다 헤치고
세상에
가장 높은 자 되어
하늘 위에 올랐노라

하늘과 땅과 바다와
여기 가득 찬 온갖 것들
작은 모래알과
나무껍질까지라도
모두 다
나를 위하여
있는 것임을 알았노라

잘나고 높다는 자여
부귀를 자랑하는 자여
한 줌 티끌보다
오히려 가소롭기만 하다

거기서
만족을 느끼려느냐
저 돼지 같은 인생이여

천하고 가난한 자여
불행을 탄식하는 자여
하늘이 따로 네게
슬픔을 준 일 없거늘
일생을
근심으로 보내느냐
저 버러지 같은 인생이여

지금 저 하늘 가에
빛을 놓는 저녁해가
오색영롱한 속에
거룩한 잔치를 열고
장엄한
영광의 찬송가를
우렁차게 울리되—

너희 조상들로부터
대대로 물려받은
질투와 속임과
싸움의 테를 벗어나서
무궁한
대자연 속에
평화의 노래를 부를지어라

인생은 잠깐이라
인생은 눈물이라
누가 너희들에게
그릇된 도를 전하더냐
인생은
천지로 더불어
영원히 여기 복된 자니라

4

목이 그만 멘다
― 백범白凡 선생 그리워

단오端午 날 상치쌈에 쑥갓이랑 실파랑 얼러
한 입 욱여넣다 가신 님 생각한다
그날도 바로 이 상에 마주 앉으셨더니

봉창 밑 두들기며 찾아오시던 그 님 생각
가슴에 멍이 든 것 좀체로 안 가셔서
쌈을랑 두 손에 움켜쥐고
목이 그만 멘다

옛 벗은 반가운데

옛벗은 반가운데
산천은 서러워라
산천이 서럽길래
옛벗이 더 반가워
반가운
옛벗 데리고
설운 산천 이야기

흰 머리 안 났더면
체면 없이 울련마는
흰머리 났길래로
설움이 더 깊어서
말로는
못 다 푼 정을
한숨으로 풀어라

못 건너는 강

산도 내 산이요
강도 내 강인데
증표를 뵈고서야
건넌다니 웬 말이요
날더러
그 누구 앞에
무슨 증표 뵈란 말요

강도 채 못 건너
설움부터 북받치네
한마디 말 못하는 물아
네 속인들 오죽하랴
차라리
말라 버리려무나
못 건너는 강이라면

찾아온 천리도곤
강 한 폭이 더 멀구나
되돌아 설까보다
제 설움 제 지니고
그대로 주저앉아서
땅을 치고 울고프이

슬픈 역사

종로 네거리에
사람은 하나 없고
불탄 집들만
우뚝우뚝 남았구나
무너진
벽돌 무더기
나는 차마 못 지날래

상한 가슴이라고
눈물만 흘리리까
분노의 불덩이가
두 눈에서 떨어지오
밤중만
귀신불 날려거든
그리 짐작하시구려

깨어진 지붕 위*에
저 어인 개나리꽃
늘어져 잘도 피어
네거리를 비웃는다

철없는
봄바람일네
다른 데 가 불려무나

조약돌 기왓장이
서로 베고 누웠는데
지는 해 넘는 볕이
남은 숨을 헐떡인다
한 시대
슬픈 역사를
여기 와서 읽고 가오

*) 백화점 지붕 위에 그대로 두고 간 화분에서 꽃이 피었다.

남산엔 오르지 마오

거리를 거닐다가
불붙는 가슴 끌 길 없어
남산에 올랐더니
다시 한결 더 서러워
애꿎은
풀잎만 뜯어
자리 앞에 흩뿌리오

반갑다 삼각산아
예보던 너로구나
서로 바라볼 제
주춤주춤 다가온다
팔 벌려
덥석 붙안고
이 도성을 울자꾸나

다시금 고개 돌려
장안을 굽어본다
겉으론 옛 모습
속에는 도깨비집

알 빠진
빈 강낭대를
묶어 세운 게러냐

옛터에 또 한 봄이
부질없이 지나가고
신록이 짙어 오며
제철 단장 무삼 일고
길손은
마른 나무처럼 서서
지는 해만 바라본다

서울을 찾는 이들
부디 남산엔 오르지 마오
한 많은 분이어든
더더구나 오르질 마오
가슴이 저리다 못해
터질 것만 같구려

어머님께 드리는 편지

어머님 보내 주신
두둑한 솜이불 덮고
얼음 같은 마루방에서도
차운 줄을 몰랐습니다
겨우내
어머님 품속에서
코만 드렁드렁 골았습니다

철창에도 봄이 왔습니다
인제는 한결 쉽습니다
몸은 못 돌아가고
빈 이불만 보냅니다
짐 뭉치
받으시거든
부디 우시지 마옵소서

이 이불 펼치시면
이가 우글부글하오리다
그래도 친구들이랑
같이 앉아 병 없이 나고

언제나 웃는 얼굴이니
안심하시옵소서

숭례문崇禮門

숭례문 이마팍*에
저것이 무엇이요
죄인의 낙인이요
귀인의 옥권자요
부처님
보주寶珠시어든
오색영롱하시구려

그도 아니시면
저것이 무엇이요
서울의 십자가를
한 등에 지시고서
가시관
썼던 자욱이
남은 줄만 아시구려

*) 숭례문 정면 이마에 폭탄 구멍이 뚫렸다.

ㄹ 자

평생을 배우고도
미처 다 못 배워
인제사 여기 와서
ㄹ(리을) 자를 배웁니다
ㄹ(리을) 자
받침 든 세 글자
자꾸 읽어 봅니다

제 '말' 지키려다
제 '글' 지키려다
제 '얼' 붙안고
차마 놓지 못하다가
끌려와
ㄹ(리을) 자 같이 꼬부리고 앉았소

예루살렘아*

멀리 바라뵈는
저 예루살렘아
눈물 속에 떠오르는
내 마음의 예루살렘아
너 자태
나는 이 밤에
미쳐 날 것만 같다

원수 앞에서 시를 쓰고
노래를 부르나니
손가락은 동강을 내고
혀는 씹어서 뱉자꾸나
아니면
손과 혓바닥이
돌덩이처럼 굳어 버리자

오 주여 나를 차라리
멍청이라도 되게 하소서
여기 한 조각
피 뛰는 심장만 남기시고

사지는
나무토막처럼
넘어져 있게 하옵소서

*) 구약시편 137장 : 우리가 바빌론의 여러 강변, 거기 앉아서 시온을 그려 울었도다. 그중의 버드나무에 우리의 수금竪琴을 걸었나니. 이는 우리를 사로잡은 자가 우리에게 노래를 청하며, 우리를 황폐케 한 자가 기쁨을 청하고 저희들을 위하여 노래하라 함이로다. 우리가 어찌 그들 앞에서 여호와의 노래를 부를까 보냐. 예루살렘아 내가 너를 잊을진대 내 오른손이 그 재주를 잊을지로다. 내가 예루살렘을 기억지 아니하거나 또 나의 가장 즐거워하는 것보다 더 지나치게 아니할진대 내 혀가 내 입천장에 붙을 지로다.

해바라기

나는 갈랫길에 선
한 송이 해바라기
아침이 오면
숙였던 고개를 들고
새해를
바라보면서
지난밤 사연을 호소하리라

나는 밤을 보내는
한 송이 해바라기
눈물로 얼굴을 씻고
멀리 바라본다
태양이
나의 태양이
산 너머에서 돋아오네

5

푸른 하늘의 뜻은

우리 옛 조상들은
땅 위에 살면서도

푸른 하늘을
손으로 어루만지며

언제나
하느님과 천사들과
이야기하기를 즐겼다.

뒤에 인간들은
푸른 하늘을 잃어버렸다

욕심과 질투아
온갖 죄악으로 눈이 어둡고

손발에
땀을 흘리느라
머리 들 겨를이 없었다.

인간들은 어느 결엔지
하늘의 방언을 잊어버렸다

유한한 몇 마디 말을
혀끝으로 굴릴 뿐

하늘을
바라보고도
대화의 길이 막혔다.

지구 위엔 봄가을이
몇만 번이나 바꾸이고

인간의 무상 나라의 흥망
눈물이 강을 이뤄도

다만 저
푸른 하늘의 뜻은
'영원한 불변'인 것을.

오늘 아침 푸른 하늘을
우러러보는 것은

하늘과의 대화의 길을
다시 트고 싶어서다

땅 위에
하늘의 뜻을
이루고 싶어서다.

새 지도를 그려 본다

인간의 역사란
묘표도 없는 옛 무덤

폐허의 남은 지역마저
산불처럼 타고 있다

어디서
조종弔鐘 소리라도
들려 올 것만 같다.

산도 끝났네
물도 다했네

다만 빈 하늘
빈 바다
빈 마음

시인은
막대 끝으로
새 지도를 그려 본다.

탄금대 彈琴臺[*]

외로운 악성樂聖 우륵于勒
가얏고 당겨 안고
고국 정한을
열두 줄에 올릴 적에

심장에
피 끓는 소리도
섞여들었으리다.

승패를 묻지 마오
거룩한 저 죽음을
몸이야 천 길 절벽에
솟구쳐 떨어져도

그 넋은
만고에 남아
울며 외치오리다.

---

*) 충주忠州 탄금대彈琴臺에 와서는 가야국伽倻國의 악성樂聖 우륵于勒의 이야기와 임진란 때 여기서 몸을 던진 신립申砬 장군의 이야기를 잊지 못한다.

가람의 무덤을 찾아

옛집에 옛 뜻을 지녀
옛사람처럼 사옵다가
세상이 지루턴가
눈을 문득 감더니만
흙이랑 풀이랑 쓰고
얼굴마저 가렸구려.

집 뒤 아기 대밭
대밭 너머 무덤이라
잠깐 뒷방으로
옮겨 누우신 건가
이따금 기침이라도 하면
귀를 돌릴 자리에.

님 심은 산수유 백목련
앙상한 가지 끝에
봄바람 불어오면
꽃 피고 잎 퍼지리
저 뒷날 찾아오는 이
슬픈 생각 더하리.

서시序詩

여기는 아시아의 동방
고난의 오늘을 딛고 선 우리
애원과 기도 소리에도
아물지 않는 금 간 국토
동해의
파도소리만
계시啓示와도 같이 들리는 나라

지금 우리들의 행진이
세기의 어디쯤에 서 있는지
얼굴을 스쳐가는 시간이
너무도 차갑구나
빙하氷河의
어느 한 구역인 양
서로의 체온조차 아쉽다

사탑斜塔 같은 역사를 안고
회한을 반추하는 겨레
지진도 없이 갈라진
이 저주의 땅과 가슴 위에

오늘도
숱한 눈물과 분노만이
궂은비처럼 흩뿌리고

할배 아배 때부터
혀에 익혀 온 착한 말들을
나날이 잊어버려 가는 세대라
우리의 신은 노여웠는가
차라리
참회의 방망이로
아프도록 때리옵소서

그러나 나는 다시
역사의 신 앞에 항변한다
미련한 소마냥 농사짓고
착한 비둘기처럼 자식들 낳고
여기는
그렇게 어진 백성들
오천 년 살아온 땅이기에

한 뼘 가슴 속에
산만한 심장이 뛴다
다섯 자 몸뚱이 속에
강줄기만 한 혈관이 흐른다
이 심장
이 혈관 속에
가득 찬 것은 오직 기원!

우리 원하는 자유
산산이 조각이 나고
우리 구하는 평화
갈가리 찢겨졌기에
울분이
용광로처럼
불타오르는 분계선!

너와 나 가슴과 가슴
사상과 사상의 장벽
나라와 나라, 민족과 민족
침략과 항쟁의 장벽

여기서
전쟁이 일어나고
고귀한 피를 흘리고

선과 악, 강함과 약함
사랑과 미움의 장벽
빼앗고 빼앗기는 아픔
얻음과 잃음의 장벽
민족과
인류의 온갖 비극이
여기서 일어나는 것!

지열이 식지 않은 조국의 땅
지열보다 더 뜨거운 심장의 피
시련은 끝나지 않고
도전은 갈수록 치열하여도
빙벽氷壁을
채질해 오르는 기사騎士마냥
끝없이 솟구치는 의욕!

지금 내가 왜 굳이
험하고 어려운 이 길을 가나
역사를 넝마조각처럼 찢어놓은
분계선 가시철망
구름도
거기 찔리면
피가 흐르는 길인데!

그래도 나는 가야지
가시철망 내 앞길 가로막으면
나는 거기서 시를 읊고
노래가 끝나면 통곡하고
하늘 끝
땅끝까지 늘리라
슬픈 소원을 외치련다

소경되어지이다

뵈오려 안 뵈는 임
눈 감으니 보이시네

감아야 보이신다면
소경되어지이다

입 다문 꽃봉오리

입 다문 꽃봉오리
무슨 말씀 지니신고

피어나 빈 것일진대
다문 대로 곕소서

독백獨白

참새같이 날아갔기에 잊으려 했던 옛 기억
이따금 휙 돌팔매처럼 가슴 안으로 날아든다

광야보다도 더 허전한 가슴 밤바람조차 차가와
누구고 받들어 위하고 싶다 그에게 묶여서라도

'골고다'란 대명사로 불리우는 자갈밭 조국
차라리 가시관 쓰고 져보고 싶은 십자가여

달

그 언제 님의 아호雅號 '월月' 자字 넣어 지어주고
지금도 달을 바라면 그 님 생각합내다

소식이 끊이오매 안부安否를 알 길 없어
저 달로 점치는 줄은 님도 아마 모르시리

흐린 달을 보면 무삼 걱정 계시온가
내 맘도 깊은 구름에 싸이는 줄 압소서

하마 밝아지신가 창밖을 보고 또 보고
새벽만 환하시오면 그제 안심安心합내다

어느 땐 너무 밝아 너무 밝아 밉다가도
그 기쁨 생각하옵고 노도 축복합내나

이은상

연 보

1903 (1세) 10월 22일 경남 마산에서 교육가 남하 이승규 선생의 차남으로 출생 1918년 3월 부친이 설립한 마산창신학교 고등과 졸업. 모교인 창신학교에서 교편을 잡음.「봄처녀」.

1923 (11세) 연희전문학교 문과에서 수업.

1925 (13세) 4월~27년 3월 일본 와세다[早稻田]대학 사학부에서 청강함.

1927 (15세) 9월 논문「향가의 가요사적 지위」발표. 일본 동양문고에서 국문학 연구.

1928 (16세)「고개를 수그리니」를 처녀작으로 내세움.

1929 (17세) 월간 잡지 ≪신생≫ 편집. 3월「조선문학 어휘고」, 6월「시조작법 강좌」「성불사」.

1931 (19세) 이화여자전문대학 교수(~1932년). 7월『묘향산유기』(동아일보사) 간행.『조선사화집, 삼국시대 편』(한성도서회사) 간행.

1932 (20세) 월간 ≪신가정≫ 창간, 편집에 관여. 동아일보 기자(~1935년)『노산 시조집』(한성도서) 간행.「가고파」.

1933 (21세) 1월『삼국시대의 여류문학』, 7월『황진이와 그의 예술』간행.

1934 (22세)「오륙도」.

1935(23세) 조선일보사 편집국 고문 겸 출판국 주간(~1938년).「천지송」.
수필집『노방초』(창문사) 간행.

1936(24세) 수필집『무상』(정상장학회) 간행.

1937(25세) 『탐라기행 한라산』(조선일보사 출판부) 간행.

1938(26세) 일제탄압이 극심해지자 붓을 꺾고, 전남 백운산 아래 은거(~1942년).
10월『기행 지리산』(조선일보사 출판부) 간행.

1942(30세) 12월 조선어학회 사건으로 홍원경찰서 및 함흥감옥에 구금되었다가 9월 기소유예로 석방.
『노산문선』(영창서관) 간행.

1945(33세) 사상범 예비검속으로 광양경찰서 유치장에 구금, 광복과 함께 출옥.
광주에서 호남신문사를 창간 사장 및 국학도서출판관 사장을 역임.

1946(34세) 『이충무공 일대기』(호남신문사) 간행.

1947(35세) 『대도론』(국학도서 출판부) 간행.

1949(37세) 『조선사화집, 고려시대 편』(한성도서회사) 간행.

1951(39세) 수필집『민족의 맥박』(민족문화사) 간행.

1952(40세) 전남 광주에서 호남신문사 복간 사장.

1953(41세) 수필집 『노변필담』(민족문화사) 간행.

1954(42세) 대구청구대학 교수.「고지가 바로 저긴데」.
시집 『조국강산』(민족문화사) 간행.

1955(43세) 이충무공기념사업회장.

1957(45세) 『현대문학과 동양적 지성』 간행.

1958(46세) 『노산시조선집』(남향문화사) 간행.

1960(48세) 『노산 시문선』(경문사) 간행.

1962(50세) 민족문화협회 회장. 기행집 『피어린 육백리』
(횃불사), 『사임당의 생애와 예술』(성문각) 간행.

1964(52세) 예술원상 수상. 『노산 문학선』(탐구당) 간행.

1966(54세) 한국시조시인협회 회장. 재단법인 한글학회 이사.
『사임당과 율곡』(성문각), 기행집 『산 찾아 물 따라』(박영사) 간행.

1967(55세) 한국산악협회 회장.

1968(56세) 『국역주해 난중일기』(현암사) 간행.

1969(57세) 독립운동사 편찬위원해 위원장. 노산문학회 조직.
한글공로상(대통령상) 수상.
독립운동사 편찬위원회위원장(사업완료).

1970(58세) 국민훈장 무궁화장 수훈.
시조집 『푸른 하늘의 뜻은』(금강출판사) 간행.

1973(61세) 영남대 교수. 5·16민족상 수상.

1974(62세) 연세대학교에서 명예문학박사학위 수여.

1975(63세) 『불타는 성지 순례』(중앙일보사) 간행.

1976(64세) 한글학회 회관 건립 위원회장. 노산문학상 제정.

1977(65세) 대한민국건국포장. 한국시조시인협회 종신명예회장.

1978(66세) 대한민국예술원 종신회원.

1981(69세) 국정자문위원. 통일촉진회 최고위원.

1982(70세) 4월 『기원』(경희대 출판국) 간행.
9월 18일 서울에서 사망.
금관문화훈장(1등급) 추서.

〖한국대표명시선100〗을 펴내며

한국 현대시 100년의 금자탑은 장엄하다. 오랜 역사와 더불어 꽃피워온 얼·말·글의 새벽을 열었고 외세의 침략으로 역경과 수난 속에서도 모국어의 활화산은 더욱 불길을 뿜어 세계문학 속에 한국시의 참모습을 드러내게 되었다.

이 나라는 글의 나라였고 이 겨레는 시의 겨레였다. 글로 사직을 지키고 시로 살림하며 노래로 산과 물을 감싸왔다. 오늘 높아져 가는 겨레의 위상과 자존의 바탕에도 모국어의 위대한 용암이 들끓고 있음이다.

이제 우리는 이 땅의 시인들이 척박한 시대를 피땀으로 경작해온 풍성한 시의 수확을 먼 미래의 자손들에게까지 누리고 살 양식으로 공급하는 곳간을 여는 일에 나서야 할 때임을 깨닫고 서두르는 것이다.

일찍이 만해는 「님의 침묵」으로 빼앗긴 나라를 되찾고 잃어가는 민족정신을 일으켜 세우는 밑거름으로 삼았으며 그 기룸의 뜻은 높은 뫼로 솟아오르고 너른 바다로 뻗어나가고 있다.

만해가 시를 최초로 활자화한 것은 옥중시 「무궁화를 심고자」(《개벽》 27호 1922.9)였다. 만해사상실천선양회는 그 아흔 돌을 맞아 만해의 시정신을 기리는 일의 하나로 '한국대표명시선100'을 펴내게 된 것이다.

이로써 시인들은 더욱 붓을 가다듬어 후세에 길이 남을 명편들을 낳는 일에 나서게 될 것이고, 이 겨레는 이 크나큰 모국어의 축복을 길이 가슴에 새겨나갈 것이다.

만해사상실천선양회

한국대표명시선100 | 이은상

고지가 바로 저긴데

1판 1쇄 인쇄 2013년 7월 1일
1판 1쇄 발행 2013년 7월 5일

지 은 이 이은상
뽑 은 이 만해사상실천선양회
펴 낸 이 이창섭
펴 낸 곳 시인생각
등록번호 제2012-000007호(2012.7.6)
주   소 경기도 양평군 옥천면 고읍로 164
          ㉾476-832
전   화 (031)955-4961
팩   스 (031)955-4960
홈페이지 http://www.dhmunhak.com
이 메 일 lkb4000@hanmail.net

값 6,000원

ⓒ 이은상, 2013

ISBN 978-89-98047-53-5 03810

* 이 책의 저작권은 저자와 시인생각에 있습니다.
* 잘못된 책은 책을 구입하신 서점에서 교환하여 드립니다.

※ 이 책은 만해사상실천선양회의 지원으로 간행되었습니다.